AF247272

AUX SOLDATS DU. CANTON DE CHATILLON-SUR-MARNE

(CAMPAGNE 1870-71)

DISCOURS

DE

M. L'ABBÉ DESSAILLY

PRONONCÉ

DANS L'EGLISE DE CHATILLON SUR MARNE

LE 11 SEPTEMBRE 1871

Imprimé avec la permission de l'autorité ecclésiastique.

CETTE BROCHURE SE VEND AU PROFIT DE L'ÉGLISE DE CHATILLON-SUR-MARNE

REIMS

V. GEOFFROY & Cie, IMPRIMEURS DE L'ARCHEVÊCHÉ

24, RUE PLUCHE, 24

CHATILLON-SUR-MARNE. — A une année de sanglantes
batailles et d'immenses désastres succède une autre année de
tristes souvenirs et de lugubres anniversaires ; le sang ne
coule plus, mais la source des larmes n'est pas tarie ; les cris
et les gémissements du champ de bataille ont cessé, et ils ont
fait place à la prière redite au foyer de la famille ou répandue
aux pieds des autels, c'est-à-dire, au foyer de Dieu même.

C'est, en effet, un spectacle consolant qui, à cette heure,
peut se contempler partout : Nos populations restées chrétiennes, en dépit de leurs infortunes et des sollicitations de
l'impiété, se pressent dans nos temples, pour demander l'espérance et la résignation au Dieu qui n'a pas voulu nous donner
la victoire. Voilà ce qu'il nous a été donné de voir, lundi dernier, 11 Septembre, à Châtillon-sur-Marne.

Au lendemain de la fête patronale, l'on avait eu l'heureuse et
touchante pensée de chanter un service solennel pour tous les
militaires du canton, qui avaient succombé pendant la guerre.
Aussi, de toutes parts, l'on affluait vers la ville, chef-lieu de la
contrée. L'église était impuissante à contenir la foule des
assistants dont une partie stationna aux abords de l'édifice.
Là se trouvaient réunies, confondues dans une seule et grande
pensée, toutes les classes de la société : quinze ecclésiastiques,
le conseil municipal, la magistrature du canton, les divers
fonctionnaires, la gendarmerie, les 150 membres de la société
de secours mutuels, les mobiles du canton, ayant à leur tête
leur capitaine, M. Desrousseaux, de Vandières, etc.

La décoration de l'église produisait un effet puissant ; de
longues tentures noires auxquelles l'on avait suspendu les
emblèmes de la foi et de l'espérance, s'étendaient du portail
jusqu'au sanctuaire ; des trophées de ce drapeau tricolore qui
est resté glorieux dans la défaite, étaient attachés aux piliers
de la nef ; l'abside était voilée par une large et haute draperie
sur laquelle on lisait, avec ces inscriptions : *Mourons coura-
geusement pour nos frères — Dieu et Patrie*, les noms des
seize soldats que la mort avait frappés ; ce n'est pas sans émotion qu'au-dessus des noms de ces braves, on voyait le nom de
l'infortuné abbé Miroy qui, lui aussi, fut intrépide et courageux devant la mort ; sur deux urnes funéraires étaient

également inscrits les noms des combats auxquels avaient
pris part les militaires du canton de Châtillon. Un imposant
catafalque, orné d'emblêmes guerriers et de nombreuses
lumières, se dressait majestueusement dans le chœur.

La Messe fut chantée par M. l'abbé Robert, doyen de Châtillon. Après l'évangile, M. l'abbé Dessailly, curé de Witry-
les-Reims, prononça un de ces discours qui restent gravés dans
la mémoire de ceux qui les ont entendus. L'orateur développa
avec une entraînante vigueur cette thèse pleine d'actualité :
*Le devoir est le fondement de la Société, et la Religion est
le fondement du devoir.* Cette vérité sociale et religieuse tout
à la fois, a été mise en pleine lumière par M. l'abbé Dessailly.
Quand il s'agit de discours, l'auditoire est, sans doute, le juge
le plus compétent ; or, auditeur nous-même et partageant les
émotions de l'assistance, nous avons vu, à plusieurs reprises,
un mouvement sensible d'adhésion parcourir la vaste assem-
blée.

Une quête fructueuse fut faite par Madame Wallon que con-
duisait Monsieur Bellot, lieutenant des mobiles.

En résumé, le 11 Septembre a été pour Châtillon-sur-Marne
une belle et bonne journée ; les fidèles ont été contents de leur
pasteur qui avait eu l'inspiration de cette touchante fête, et le
pasteur, à son tour, a été heureux de voir une foule si nom-
breuse répondre à son appel ; l'entente des cœurs est complète,
et le bien qui s'est déjà fait à Châtillon, n'est que le prélude et
le gage du bien qui se prépare et qui, nous en avons l'assu-
rance, se réalisera.

L. B.

(Extrait du *Bulletin du Diocèse de Reims.*)

DISCOURS

DE

M. L'ABBÉ DESSAILLY

PRONONCÉ

Dans l'Église de Châtillon-sur-Marne

LE 11 SEPTEMBRE 1871

> *Ipso enim concedente pacem, quis est qui condemnet ? Ex quo absconderit vultum, quis est qui contempletur cum super gentes et super homines ?*
>
> Si Dieu accorde la paix, qui pourrait bien l'en condamner ? Et si dans sa colère il nous cache son visage, qui osera bien lui demander compte de sa conduite envers les nations et envers les particuliers ?
>
> (JOB, XXXIV, 29.)

MES FRÈRES,

Combien est pleine de deuil la cérémonie qui nous réunit aujourd'hui au pied du maître de la vie et de la mort : deuil des familles en larmes, deuil de la Patrie vaincue, malgré l'héroïsme de ses enfants ! Non, à l'heure actuelle, il n'y a pas de fête pour le cœur français. Le mien, comme le vôtre certainement, subit les émotions les plus poignantes. Je me reporte à un an d'ici, et à quelque point de l'horizon que je prête l'oreille, partout, dans nos campagnes d'ordinaire silencieuses, ce n'est qu'un bruit retentissant et lugubre :

bruit du canon lointain mutilant nos armées et incendiant nos villes ; bruit du pas des chevaux et de la multitude des escadrons ennemis ; bruit du roulement des engins de guerre et des équipages de toutes sortes couvrant au loin nos plaines, bruit des nouvelles heureuses mais toujours mensongères et démenties, et des nouvelles sinistres mais toujours véridiques et confirmées ; puis toutes nos familles veuves de leurs jeunes gens, les mères, les épouses éplorées, joignant aux angoisses patriotiques, les angoisses de leurs cœurs consternés du danger de ceux qu'elles aiment, voilà ce qu'a été pour nous ce mois de Septembre, dont le mois présent est l'anniversaire, et qui laissera dans nos âmes de douloureux et ineffaçables souvenirs.

Et ensuite, les désastres de l'hiver succédant à ceux du commencement : un siége terrible, qui nous tient suspendu des mois durant entre l'espérance et la crainte ; des passages de troupes ennemies fréquents et pleins de périls pour les populations, des combats dans toutes les directions, soutenus, non sans gloire, par nos soldats improvisés, mais sans résultats heureux ; une saison exceptionnellement rigoureuse et mortelle aux hommes comme aux biens de la terre, une paix cruelle, une guerre civile plus cruelle encore et à jamais flétrissante ; et à l'heure présente, la division des esprits, qui rend l'avenir presque aussi redoutable que le passé, ce sont là des souvenirs et des spectacles qui tarissent la joie dans nos cœurs et s'opposent à la reprise de nos fêtes et de nos réjouissances d'autrefois.

Oh ! qui nous rendra les beaux jours de la Patrie, les jours de l'honneur, de la paix et de la sécurité ! quand pourrons-nous redire avec l'enthousiasme du patriotisme : *et inimicos meos dedisti mihi dorsum :*

Dieu a réduit nos ennemis à fuir devant nous ! Quand, avec le même prophète, pourrons-nous répéter ce cri de l'union de nos esprits et de nos cœurs : qu'il fait bon, qu'il est agréable à des concitoyens de vivre ensemble comme des frères : *quàm bonum et quàm jucundum, habitare fratres in unum !*

La grandeur nationale et la paix sociale nous reviendront au jour où nous-mêmes nous reviendrons sérieusement à la religion. La religion connue, la religion honorée et pratiquée est la première et la plus indispensable condition de la vie des peuples et de la paix publique, et entre beaucoup de raisons, j'en choisis une principale, que voici :

Toute société, qui n'a pas pour fondement le devoir, est appelée à périr. Or, l'accomplissement du devoir est impossible pour vous, pour moi, pour tous, sans religion. Ainsi, le devoir, fondement de la société, la religion, fondement du devoir, tel est le sujet de ce discours.

En montant dans cette chaire, à la place de votre nouveau doyen, lui, qui sur un autre théâtre, a su faire apprécier si bien toute la distinction et toute l'élévation de son esprit et de son cœur, et se concilier d'universelles sympathies, je n'ai pas la prétention de remplacer auprès de vous sa parole d'une éloquence toujours chaleureuse. Et toutefois je me rassure. Voulant parler du devoir, je comprends que ma cause est à l'avance gagnée auprès de vous.

Est-ce qu'en effet, je ne m'adresse pas à ces généreux mobiles et à leur noble chef, dont nous avons entendu souvent avec émotion raconter les privations, l'abnégation et l'héroïsme ; dont nous avons suivi de

loin avec une anxiété si vive la série des marches et
des contre-marches, la succession des combats nom-
breux, où, Messieurs, vous avez pu vous glorifier plus
d'une fois de la victoire sans que l'ennemi ait pu se
vanter des siennes, tant vous avez su le tenir en échec
ou lui échapper habilement, quand le nombre devai
écraser la bravoure.

J'aperçois encore ici, Mes Frères, tous les vaillants
soldats du canton, et ces gardiens vigilants de l'ordre
public pendant la paix, que nous avons vu si prodigues
de leur vie, sur tous les champs de bataille de la
Patrie, aussi bien dans les rues sanglantes de Paris
qu'à la frontière d'Allemagne.

Dans vos rangs, Messieurs, vous comptez plus que
des héros, vous comptez des martyrs du devoir : vous
avez vu tomber sur le champ d'honneur des amis et
des camarades, dont je lis la liste trop longue, hélas !
sur ces funèbres tentures !

Nous aussi, nous pouvons montrer un des nôtres
parmi vos glorieuses victimes, et je puis vous affirmer,
qu'en face de la mort, il a été aussi brave que les plus
braves.

Ah ! Mes Frères, que cette émouvante cérémonie
soit tout entière pour leur gloire : que pour eux soient
nos hommages et pour eux nos prières !

Avant de vous parler du devoir, et pour vous en
donner une notion complète, je dois vous parler du
droit, dont le devoir est le couronnement.

Le droit ne se définit pas, tant la chose est claire :
c'est ce qui est dû à chacun. La société ne peut se
former ni vivre sans des lois qui règlent les relations
de tous les citoyens, puisqu'elle n'est autre chose

qu'un vaste ensemble de relations. Le droit de chacun est justement ce qui détermine la nature des lois, leur importance et leur étendue, et qui fixe nos rapports avec Dieu et avec les autres hommes.

Mais, a dit un illustre orateur, le droit, qui le posera ? Qui décidera du commandement et de l'obéissance, du travail et du repos, de l'acquisition et de la perte des biens, des peines et des honneurs? Vous croyez peut-être qu'il est facile de déterminer les droits de chacun, les vôtres, ceux des sujets et ceux des souverains, et qu'il suffit pour cela d'en appeler à la raison? Non, cette détermination du droit n'est pas aussi facile que vous vous l'imaginez. La raison et la conscience humaine nous révèlent bien quelques uns de nos droits, mais elles ne nous les font connaître, ni clairement, ni intégralement. Et de fait, reportons-nous à l'époque où Jésus-Christ n'avait pas encore paru sur la terre pour enseigner les sociétés ; nous voyons alors les droits partout ignorés et méconnus, et un droit unique planant sur tous les autres pour les supprimer, le droit brutal et extravagant de la force. L'enfant dans la famille, la mère et l'épouse n'avaient aucun droit : ces êtres, aujourd'hui chéris et glorifiés, vivaient sous la domination absolue et le caprice souverain du père et de l'époux. Le peuple non plus, la masse des travailleurs, si libres dans la société chrétienne, si maîtres de leurs déterminations, si honorés, quand ils savent s'honorer eux-mêmes, ne jouissaient d'aucun droit, et les trois quarts de l'humanité étaient placés sous le joug dégradant de l'esclavage. Les principes qui présidaient au gouvernement des nations n'étaient pas la justice et l'équité, mais l'esprit de conquête et la soif de domination. Il y avait le petit nombre des citoyens et le grand nombre de ceux qui n'avaient pas le droit de cité.

Partout donc, on rencontrait la force étouffant le droit : je suis le plus fort, tu es le plus faible, tu n'es rien, tu n'as pas de droit.

Tels sont les ténèbres et le chaos social de l'ancien monde, et cette situation était tellement misérable, que nous, les enfants gâtés de l'Evangile, nous en serions glacés d'horreur, si le spectacle s'en offrait à nos regards vivant et palpable comme aux jours antiques.

Mais le Fils de Dieu vient. Il commence par relever la dignité humaine, en se faisant homme. Il déclare que tout ce qui est homme est grand et mérite le respect, parce que tout homme sort des mains de Dieu, parce que Dieu a aimé tous les hommes jusqu'à la folie de la croix ; parce que Dieu les appelle tous au partage de sa vie divine.

Par le seul fait de son incarnation et par ces simples paroles, le droit fut connu et fondé, le droit évangélique, entendez-vous, qui a introduit parmi les nations la justice et la charité à la place de la violence et de la force. Dès lors, tous eurent des droits dans la société, tous, même les plus faibles et les plus désarmés, l'enfant, la femme, l'infirme, le vieillard, l'ouvrier, le pauvre, et si vous trouvez cet état de choses naturel, détrompez-vous, je le répète : en dehors des peuples chrétiens illuminés de l'enseignement du Christ, vous ne rencontrez que le triomphe de la force et l'écrasement du faible : la force était la loi des sociétés païennes du monde ancien ; c'est encore aujourd'hui celui de Constantinople, de la Chine et des contrées qui n'ont pas reçu ou qui n'ont pas accepté la doctrine évangélique.

Aussi, quand les libres penseurs viennent nous déclarer qu'ils veulent gouverner la société sans religion, je ne crains pas de les arrêter et de leur dire : vous n'êtes pas des inconnus pour moi ; il y a six mille ans bientôt que j'ai vu vos œuvres. Je sais, ô raison humaine, si fière en ce moment contre la religion, parce que tu t'attribues mensongèrement ses victoires et ses bienfaits, je sais ce que tu as fait autrefois, lorsque tu règnais sans nous, de l'humanité, de l'ouvrier, du pauvre peuple. Tu lui as ravi sa dignité d'homme, ses prérogatives et ses droits ; tu l'as courbé sous le joug de la force brutale et tu lui as dit : tu n'es qu'un vil esclave.

Et quant à vos grands mots d'humanité, de fraternité, de liberté et de civilisation, ô libres penseurs, ô journalistes athées, ô philosophes d'académie et de villages, vous n'avez pas le droit de les prononcer. Nous, disciples de Jésus-Christ, nous seuls avons ce droit. C'est Jésus-Christ notre maître et lui seul qui a relevé la dignité humaine traînée par vous dans la boue de l'idolâtrie, de la volupté et de l'esclavage ; c'est Jésus-Christ tout seul qui a créé, par son amour des hommes, la sainte fraternité des individus et des peuples, et tout ce qu'il y a de bon, de beau, de pur, d'élevé, de libre dans notre civilisation vient de Lui. Voilà pourquoi les populations, les classes ouvrières, laborieuses et souffrantes, momentanément égarées par vos doctrines perverses, reviendront tôt ou tard, sous peine de périr, se jeter dans nos bras, presser leur poitrine de peuple contre notre poitrine de prêtre, pour retrouver dans ce cœur de l'Eglise catholique, aujourd'hui comme il y a dix-huit cents ans, la lumière, le dévouement et l'amour, qui guériront les plaies que vous leur avez faites,

Mais à côté du droit, il y a quelque chose de plus essentiel encore pour la société, c'est le devoir. En effet, que deviendraient nos droits, s'ils n'étaient pas respectés? A quoi nous servirait que Jésus-Christ nous les ait restitués, si on pouvait les violer impunément ? Aussi le divin Sauveur ne s'est pas contenté d'affirmer les droits de chacun, il en a surtout proclamé le respect, et savez-vous comment s'appelle le respect des droits d'autrui ? Il s'appelle le devoir. Si vous avez droit à votre réputation, le droit chez vous suppose nécessairement chez moi le devoir de ne point la flétrir, et si vous avez droit à votre propriété, c'est qu'évidemment j'ai le devoir de ne point me l'approprier. Partout donc où chez vous je rencontre un droit, je rencontre chez moi un devoir correspondant à ce droit.

Or, Mes Frères, faites attention que le devoir est quelque chose de bien plus sacré que le droit. Le devoir est inaliénable, le droit ne l'est pas : on peu renoncer à son droit, on ne peut abdiquer son devoir. Je puis comparer le droit dans l'ordre moral au capital dans l'ordre pécuniaire et le devoir à une dette. Vous pouvez abandonner votre capital, mais vous ne pouvez abandonner votre dette ; vous n'en êtes déchargé que quand vous l'avez soldée. Ainsi, nous ne sommes pas liés par notre droit, mais nous le sommes par notre devoir. Notre droit nous constitue créancier et nous pouvons faire remise de notre créance ; le devoir nous constitue débiteur, et le débiteur ne se libère que par le paiement ou la remise de sa dette. C'est ce qu'exprimait admirablement l'illustre Pie VII, retenu captif à Fontainebleau, lorsqu'il refusait au premier des Napoléon les concessions que repoussait sa conscience de pontife :

« Sire, je puis bien vous céder mon droit, mais je

ne puis vous céder mon devoir ; je puis bien vous
aimer, vous admirer jusqu'à vous livrer ma vie, mais
je ne puis vous livrer ma conscience. Je puis bien
perdre pour vous toutes choses, mais non pas mon âme,
car mon âme c'est l'éternité, et l'éternité c'est plus que
Dieu, c'est l'homme et Dieu tout ensemble. »

Le devoir, MES FRÈRES, est inaliénable. Je viens
de le dire, son accomplissement importe souveraine-
ment à la société. Que chacun en France, que chacun
dans ce canton et dans cette paroisse. observe son
devoir, et nous n'aurons pas à nous inquiéter de nos
droits ; nous sommes sûrs qu'ils auront été respectés, puisque, nous l'avons prouvé, tout devoir accompli
est un droit respecté,

Quand donc les droits des sujets seront-ils mainte-
nus et protégés? Ce sera quand le souverain, quand
l'autorité gouvernementale et ses agents auront
rempli tous leurs devoirs dans la mesure du possible.
De même, le souverain possède des droits qu'on ne peut
méconnaître sans danger, et il en jouira dès que le
peuple à son tour remplira tous ses devoirs de sujet.
Et dans la famille, qu'est-ce que c'est que l'homme
dévoué à tous ses devoirs de père et d'époux ? C'est le
chef de la famille protégeant et sauvegardant par le
devoir, les droits de l'épouse et des enfants. En un mot,
que dans une société, tous les devoirs, sans en excepter
un seul, soient remplis, et vous ne rencontrerez pas un
droit, pas un seul, qui n'ait été ménagé et respecté.

Mais au lieu du spectacle magnifique de toutes les
classes de la société fidèles au devoir, supposez le spectacle contraire. Que l'autorité commence par abandonner ses obligations, vous aurez sur-le-champ l'incurie
dans le gouvernement, les ordres arbitraires, contra-
dictoires et inopportuns, les mesures fausses et désas-

treuses, le tout provoquant dans les cœurs le murmure, la désaffection, le mépris et la révolte enfin. Car Bossuet a dit que la cause originaire des révolutions est la lâcheté ou la violence de l'autorité, c'est-à-dire ou le devoir non étudié, ou le devoir mal compris, ou le devoir rempli avec égoïsme. Laissez, d'un autre côté, les doctrines subversives se répandre parmi les peuples et y entamer l'amour du devoir, quel abîme s'ouvre sous vos pas ! Vous voyez s'amonceler, comme des vagues furieuses, les convoitises inassouvies de la foule, les jalousies du travailleur contre la richesse, la haine de tous contre tous, et la révolution s'élever d'en bas quand tout-à-l'heure elle descendait d'en haut : peuples misérables poussés à toutes les catastrophes par le vent des révolutions qui souffle de tout côté, du jour où de tout côté le devoir est déserté.

Il est donc incontestable que le fondement des sociétés humaines est le droit respecté ou le devoir, et qu'une nation est d'autant plus grande, plus forte, plus prospère, que tous les devoirs y sont remplis par tous selon le degré de leur importance.

A la lumière de cette vérité, il vous est facile de reconnaître quel sera le libérateur de la Patrie mutilée ; quel sera le grand politique, le législateur profond, le héros que nous devons saluer à l'avance comme l'élu de la Providence : ce père de la Patrie, ce sera le devoir. Ne cherchez donc pas pour la restauration de notre grandeur nationale, pour la paix, la sécurité et l'honneur de notre avenir, une autre force, un autre point d'appui que le devoir : il n'y en a pas d'autre, entendez-vous, il n'y a que celui-là : le devoir rempli par tous, par vous, par moi, par ceux qui commandent et par ceux qui doivent se soumettre, par ceux qui possèdent et par ceux qui travaillent, parce que dans l'accomplissement de tous nos devoirs nous rencontrons la garantie de tous nos droits.

La société est impossible en dehors du devoir, qui est nécessaire pour assurer son repos et sa stabilité, nous venons de le prouver. J'ajoute qu'à son tour le devoir est impossible sans la religion et qu'en définitive la religion est le fondement dernier de l'ordre et du bonheur social : c'est ce qu'il me reste à vous démontrer.

La question du devoir est sans contredit la plus mal comprise des questions qui agitent notre société.

Ce que méconnaissent, même bien des honnêtes gens, c'est tout à la fois et l'étendue de leurs devoirs et le degré d'importance de chacun d'eux. La société, avons-nous dit, est formée d'un ensemble de relations ; elle est donc un ensemble de devoirs. De quelque côté que vous vous tourniez, à quelque heure du jour que vous agissiez, vous rencontrez le devoir qui s'impose à vous. C'est un immense filet jeté sur toute votre vie. Puis ces innombrables obligations varient d'importance. Les unes sont plus graves, plus sérieuses, leur omission entraîne des conséquences plus funestes. Il ne suffit donc pas de remplir le devoir, il ne suffit pas même de les remplir tous, il faut encore donner à chacun son importance et y mettre une part correspondante de dévouement.

Or, MES FRÈRES, la religion toute seule fait connaître à l'homme et l'étendue de ses devoirs et leur degré d'importance. Avant Jésus-Christ, la société ne connaissait pas ses droits parce qu'elle ne connaissait pas ses devoirs : je vous l'ai montré et l'histoire en fait foi, et parmi nous il se fait une ignorance du de-

voir de plus en plus redoutable. Je ne vous parlerai
pas de cette morale immonde, enseignée dans les ro-
mans, sur le théàtre et dans une partie considérable
de la presse, et mise en pratique par cette tourbe
d'hommes et de femmes qui viennent de parcourir Paris,
tenant d'une main le pétrole inflammable et de l'autre
la torche incendiaire, armée ignoble contre laquelle
plusieurs d'entre vous, Messieurs, avez dù exposer votre
noble vie. Sans descendre dans ces profondeurs de la
démoralisation contemporaine, c'est une chose navrante
et profondément décourageante de constater l'abaisse-
ment du sens moral, l'effacement des susceptibilités et
des délicatesses de la conscience dans notre Patrie,
dont le nom exprimait autrefois, parmi les peuples, ce
qu'il y a de plus culminant dans la conscience humaine, je veux dire le respect de la souveraineté de
Dieu, le désintéressement, la loyauté et l'honneur.
Cette belle conscience du chrétien et du français s'é-
miette tous les jours et s'affadit jusque dans les familles
les plus honnêtes, qui acceptent avec l'erreur, avec le
mensonge, avec le mal et les méchants, des compromis
dont nos pères auraient rougi. Et depuis quand, cette
dégénérescence de la conscience catholique et française?
C'est depuis que le vertige de l'irréligion s'est emparé
de nous. Oui, à partir du jour où la libre pensée et le
journalisme athée ont plané sur la société, comme des
ombres malfaisantes, nous avons vu la conscience si
épurée de notre vieille France s'engourdir, tant il est
vrai que la notion de tous nos devoirs est inséparable
de l'enseignement religieux.

Mais là ne se borne pas le rôle de la religion. Elle
apprend le devoir à l'homme et elle lui donne en même
temps la force de l'accomplir. Le devoir est quelque
chose de pénible : c'est notre âme s'abdiquant elle-

même pour se prodiguer à autrui. Mais si le devoir, pris isolément, est pénible, que sera-ce de la totalité du devoir? Et qui est l'homme pour soulever cette montagne du devoir? un roseau tremblant, un courage fragile et facilement brisé. Qui oserait bien soutenir que l'homme est fort, que le devoir complet et absolu n'est pas au-dessus de ses forces? Ainsi ôtez le devoir comme fondement de la société, celle-ci périt ; d'un autre côté, le fardeau du devoir est tellement lourd à porter, que l'homme succombe à la tâche. Que devenir, ô ennemis incessants de la religion, que devenir? Faut-il périr? C'est bien à cet abîme que vous nous conduisez, depuis que nous nous laissons conduire par vous. Mais non, nous ne voulons pas périr, nous voulons vivre. C'est là le cri suprême de notre cœur d'homme et de français : nous voulons vivre et ne pas mourir.

Puisque nous voulons vivre et puisque notre force d'homme ne suffit pas à soulever la montagne du devoir, il faut de toute nécessité que notre force humaine ou plutôt que notre faiblesse humaine soit aidée et secourue par une force surhumaine : il faut que Dieu qui nous a créé société, qui nous a fait homme et homme fragile, qui nous a commandé de vivre et qui a posé à notre vie une condition impossible, il faut que Dieu juste, Dieu sage, Dieu bon, intervienne auprès de nous, et qu'il accepte de venir compléter notre force impuissante par sa force toute puissante. La conclusion est logique, rigoureuse, indiscutable, et cette conclusion m'amène en droite ligne à vous dire un mot du gouvernement des sociétés et des nations et du gouvernement des âmes par Dieu.

Dieu est la plus haute souveraineté qui soit. Aucune ne la domine et elle domine toutes les autres. Le premier acte de la souveraineté divine est de donner la vie aux êtres. C'est elle qui a étendu la terre sous nos pas, qui nous y a installés pour y vivre et comme individus, et comme société et comme nation. Mais là ne s'arrête pas l'exercice de la souveraineté divine. A tout moment de l'existence des êtres, il veut se les soumettre. *Vivo ego, dicit Dominus, quoniam mihi flectetur omne genu.* Or, pour se soumettre sûrement l'homme à tous les instants, Dieu s'est réservé une part dans le gouvernement des sociétés et des nations et dans le gouvernement de nos âmes.

Nous rencontrons donc à la tête des nations deux actions gouvernementales distinctes : l'action gouvernementale de Dieu, qui s'appelle encore son action providentielle, et l'action gouvernementale du souverain. L'action gouvernementale de Dieu a pour but de fortifier l'action gouvernementale du souverain et de la diriger, sans la violenter, dans le sens de la vérité et de la justice. Je dis sans la violenter. Car c'est librement que le souverain vient joindre son action à celle de Dieu. Il peut s'en séparer, et il s'en sépare toutes les fois qu'il renonce à la vérité et à la justice. Alors, ou Dieu continue son action gouvernementale, et comme la force de Dieu est supérieure à celle du souverain, la puissance divine réduit en poussière la puissance de l'homme. Ou bien Dieu cesse son action gouvernementale. La souveraineté humaine reste seule avec ses aveuglements et ses impuissances. Alors, dans l'un comme dans l'autre cas, vous voyez le trône trembler et s'effondrer, la société chanceler comme un homme ivre, et une glorieuse nation, des plaines de Tolbiac où Dieu l'avait conduite, courir se heurter au canon de Sedan, sous la conduite isolée et insensée de la souveraineté humaine.

De même que Dieu s'est réservé une part dans le

gouvernement des nations et des sociétés, de même il s'en est réservé une dans le gouvernement de nos âmes, et cette part s'appelle la grâce divine. Le gouvernement de nous-même est donc soumis à une double action, à l'action de Dieu et à l'effort de notre volonté propre. Quand ces deux efforts viennent à s'unir et à se combiner dans la plus parfaite harmonie, alors surgit au cœur de l'homme une force qui ne connaît plus d'obstacles ; il soulève la montagne du devoir et la porte sur ses épaules comme un fardeau léger et suave ; il pousse la vertu en lui et autour de lui jusqu'à l'héroïsme ; alors vous avez sous les yeux le radieux spectacle de ce que l'Eglise catholique appelle la sainteté. Des saints ! ô libres penseurs, montrez-nous donc des saints dans vos rangs, oui, des saints, c'est-à-dire des héros du devoir. Vous n'en pourriez citer un seul, et dans nos rangs nous pourrions vous en montrer des millions, et si tout homme sincèrement religieux n'est pas le héros du devoir, il en est le soldat suffisamment courageux, et peut porter fièrement le regard sur toutes vos lâchetés et sur toutes vos impuissances.

Mais, MES FRÈRES, il en est de nous comme du souverain, nous sommes libres dans nos déterminations. Nous pouvons donc apporter notre concours à Dieu et nous en séparer. Or, comme le souverain, nous séparons notre action de celle de Dieu, toutes les fois que nous renonçons à la vérité, à la justice, à l'accomplissement du devoir. Car Dieu ne peut agir et nous assister que dans le sens du vrai et du bien. Dès que nous avons refusé de joindre notre action à celle de Dieu, nous restons seuls avec nous-même, seuls avec notre intelligence facilement la dupe des illusions et des mirages trompeurs ; seuls avec notre cœur naturellement ouvert à toutes les séductions, seuls avec notre volonté amollie par l'erreur de l'esprit et les défaillances du cœur, et alors, des hauteurs où Dieu voulait nous élever par l'accomplissement du devoir, nous tombons dans toutes les vulgarités de la vie terrestre, ou plus bas encore, dans les ténèbres et les débauches d'esprit de la libre pensée et dans toutes les ignominies du libre faire et du vice.

Je vous demande pardon, MES FRÈRES, de ce trop long discours, et cependant j'oserai réclamer de votre bienveillance quelques moments encore d'attention. Je voudrais vous expliquer pourquoi Dieu ne s'est pas réservé à lui seul le gouvernement absolu de nos âmes et pourquoi non plus il ne nous l'a pas confié a nous seuls ; pourquoi ce n'est ni Lui seul, ni nous seuls, mais lui et nous ensemble qui devons agir dans l'œuvre du devoir.

Si nous étions nos maîtres à nous-mêmes, si Dieu nous avait faits assez forts pour nous passer de son concours, alors il aurait abdiqué sa souveraineté. Il n'aurait plus eu d'action sur nous, il n'eût plus été le Dieu de ce monde. Nous fussions devenus indépendants sur la terre comme il est indépendant au ciel. Or, Dieu ne pouvant consacrer notre indépendance par l'abdication de sa souveraineté, nous a communiqué la puissance d'agir, mais une puissance restreinte, qui se complète par son concours et nous en fait dépendre, dans le travail que nous imposent les besoins physiques de notre vie matérielle et les besoins spirituels de notre vie morale, semblables aux fruits dorés de vos riants côteaux, qui mûrissent aux beaux rayons du soleil, sous la double influence de leur énergie propre et de la chaleur du jour.

Si au contraire vous admettez qu'il se soit emparé du gouvernement de nos âmes, que serait-il arrivé ?

Nous ne serions devenus qu'un simple mécanisme entre ses mains ; nous n'aurions plus été un agent spontané, une créature libre et responsable, et l'artisan de nos destinées. Son admirable sagesse a donc su parfaitement concilier notre grandeur morale avec sa souveraineté, et ces deux grandeurs, l'une créée et l'autre incréée, se donnent en nous le baiser fraternel par le concours libre et méritoire de notre action à son action divine ou à sa grâce.

Voilà, MES FRÈRES, l'union indissoluble de la religion et du devoir. Vous nous prêchez le devoir sans Dieu et sans religion. Mais sans Dieu et sans religion il n'y a que l'impuissance humaine. Vous venez de constater que le devoir suppose nécessairement le secours ou le concours de Dieu, c'est-à-dire des relations journalières entre Dieu et l'homme, un recours incessant de l'homme à Dieu par la prière et un épanchement non moins incessant de Dieu vers l'homme par la grâce. Le devoir et la religion sont donc deux sœurs inséparables, ou plutôt la religion est la montagne dont les profondeurs intimes sont baignées par les sources d'eau vive, et le devoir est le large fleuve qui s'échappe de ses flancs pour porter aux plaines la fraîcheur et la fécondité. Voilà la vérité et tout autre enseignement est l'erreur, l'extravagance, le hideux monsonge avec tous les vices, avec la ruine de la Patrie et le renversement de l'ordre social.

Chers jeunes gens, je me tourne vers vous en finissant, et je le fais avec une indicible émotion. Car je veux vous dire une dernière parole qui fera redoubler les larmes de vos mères et celles de vos sœurs. Je la dirai pourtant, et dans leur héroïsme de mères chrétiennes et françaises, elles me la pardonneront.

C'est une loi de l'histoire que l'homme, sauvé par le sang du calvaire, a dû mettre sa sueur et son sang, comme un ciment indestructible, partout où il a voulu opérer des œuvres mémorables. Rien de grand en ce monde ne se fait sans que l'humanité n'y laisse quelque chose de sa vie. Toujours donc, mais à certaines époques plus particulièrement, l'homme doitsavoir mourir, et nous sommes à une de ces époques solennelles. Car je n'affirmerai rien de trop en vous disant que la Patrie et la société auront encore besoin de vous. Il vous faudra donc, au moins pour plusieurs d'entre vous, mourir peut-être pour la société et pour la Patrie, mais il faudra que vous mouriez de la mort des braves.

Or, la grande force pour mourir comme meurent les braves est de vivre et de mourir en chrétien. Le soldat chrétien, sur le champ de bataille, est calme, résolu et intrépide. Car il sait que si Dieu le frappe à mort, que si sa glorieuse poitrine de soldat ne doit pas briller de la croix de l'honneur que lui préparait la Patrie reconnaissante, c'est que Dieu se réservait lui-même de déposer de sa main divine sur son noble front la couronne impérissable, et dans son vaillant cœur des joies meilleures que celles de la terre, les joies de l'éternité.

AINSI-SOIT-IL.